# Cómo crece una semilla

Por Helene J. Jordan • Ilustrado por Loretta Krupinski

Traducido por María A. Fiol

*rayo*

*Una rama de HarperCollinsPublishers*

La serie *Aprende y descubre la ciencia* fue concebida por el Dr. Franklyn M. Branley,
Astrónomo Emérito y Ex-presidente del American Museum-Hayden Planetarium.
Por un tiempo, la serie fue co-editada por el Dr. Branley y la Dra. Roma Gans,
Profesora Emérita de Educación Infantil de Teachers College, Columbia University.
El texto y las ilustraciones de cada uno de los libros de esta serie son cuidadosamente revisados
por expertos en la materia. Para recibir información, diríjase a: HarperCollins Children's Books,
a division of HarperCollins Publishers, 1350 Avenue of the Americas, New York, NY 10019,
or visite el siguiente Sitio Web: http://www.letsreadandfindout.com.

Library of Congress ha catalogado esta edición.
ISBN-10: 0-06-088716-8 (pbk.) — ISBN-13: 978-0-06-088716-2 (pbk.)

1 2 3 4 5 6 7 8 9 10
❖
La primera edición de este libro fue publicada por HarperCollins Publishers en 1996.

Una semilla es una planta pequeñita que aún
no ha comenzado a crecer. Los manzanos y las
margaritas, las zanahorias y el maíz, el trébol
y el trigo, todos fueron semillas al principio.

Ésta es la semilla de un árbol.

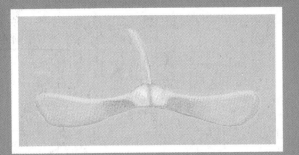

Algún día será un árbol como éste.

Ésta es la semilla de una flor.

Un día llegará a ser una flor como ésta.

Ciertas semillas, como las del roble, crecen muy lentamente.

El roble es un árbol que crece muy lentamente. Imagínate que siembras la semilla de un roble. Podrías llegar a tener hijos, e incluso llegar a ser abuelo o abuela y el roble todavía continuaría creciendo.

Hay semillas que crecen muy rápido.
Ésta es una semilla de frijol.

Ésta crece muy rápido. Tan rápido,
que en pocas semanas se convierte
en una planta de frijol.

Si quieres, tú puedes sembrar semillas de frijol. Nosotros escogimos frijoles trepadores. Pero también puedes sembrar frijoles enanos o habas.

Puedes sembrar las semillas en cáscaras de huevo, en latas, en tazas viejas o en macetas pequeñas. Asegúrate de que los recipientes tengan varios agujeros en el fondo.

Nosotros utilizamos cáscaras de huevo y les hicimos los agujeros con un lápiz.

Llenamos las doce cáscaras de tierra.

Cavamos un hoyo en la tierra con un dedo, como lo ves aquí.

Una vez que tú hayas hecho un hoyo en la tierra de cada cáscara, coloca una semilla en cada uno.

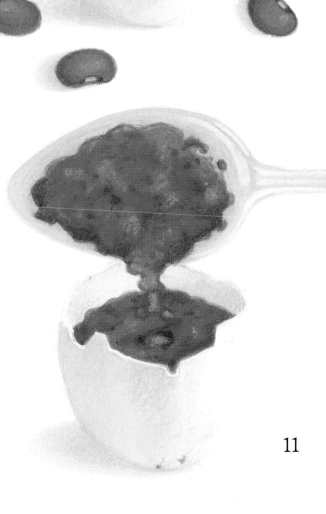

Luego, cubre las semillas con tierra.

Rocía la tierra cuidadosamente con un poquito de agua.

Numera las cáscaras. Escribe el número 1 en la primera y el 2 en la que le sigue. Continúa así hasta que todas las cascaras estén numeradas del 1 al 12.

Coloca las cáscaras en una caja de huevos
y ponla cerca de la ventana, a la luz del sol.
Algunas semillas germinan más rápido que
otras. Nuestras semillas comenzaron a brotar
en tres días. Las tuyas tal vez tomen más tiempo.
No las notarás crecer enseguida, pues las semillas
empiezan a crecer debajo de la tierra, donde no
es posible verlas.

Riega las semillas un poquito todos los días.
Las semillas absorben el agua y comienzan
a crecer.

Poco a poco, absorben más y más agua.
Cada día crecen un poco más.

Espera tres días y entonces saca
la semilla número 1.

Puede que esté blanda y abultada.
Pero es posible que esté igual que antes.

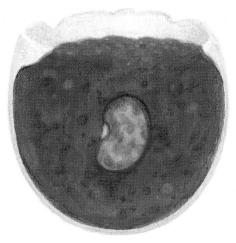

Pronto, la semilla crecerá tanto
que se le reventará la piel.

En dos días más, desentierra la
semilla número 2.

Ahora, quizás esta semilla luzca diferente.
Puede que su piel esté suelta.

Una raíz comienza a crecer.
Ésta sale de un lado del frijol.

La raíz crece dentro de la tierra,
hacia abajo.

Desentierra el frijol número 3.
¿Ves la raíz? ¿Se parece a ésta?

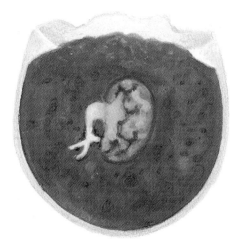

Si no ves la raíz, espera otro día
y entonces saca la semilla número 4.

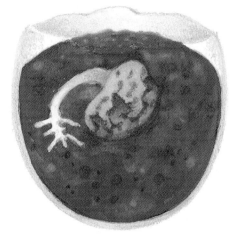

Unos días más tarde, saca la semilla número 5. ¡Algo nuevo ha sucedido! Unas raíces pequeñitas han brotado de la raíz grande. Parecen diminutos pelos blancos. Estos se llaman pelos absorbentes o radicales.

Día tras día, las raíces y los pelos absorbentes se entierran más y más.

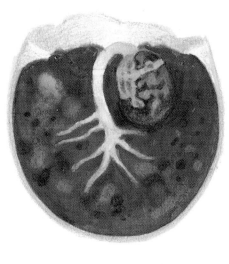

Día tras día, las semillas de frijol comienzan a crecer hacia arriba y a empujar la tierra hacia los lados.

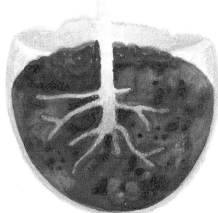

Examina las semillas. Pronto verás unos retoños que salen de la tierra. Un retoño es el comienzo de una planta verde. Los retoños crecen hacia el sol.

Observa las semillas. Algunas han brotado ya.
Otras se pueden haber partido, y otras pueden
no haber comenzado a crecer todavía.

¿Cuántas han crecido? Cuéntalas.

Las semillas de frijol crecen muy rápido.
Sus retoños se tornan verdes.

Las hojas aparecen después.
Las semillas ya son plantas de frijol.
Las plantas se parecen a ésta.

¿Cuántas de tus semillas ya son plantas de frijol?

Una semilla necesita muchas cosas para poder crecer.

Necesita tierra,

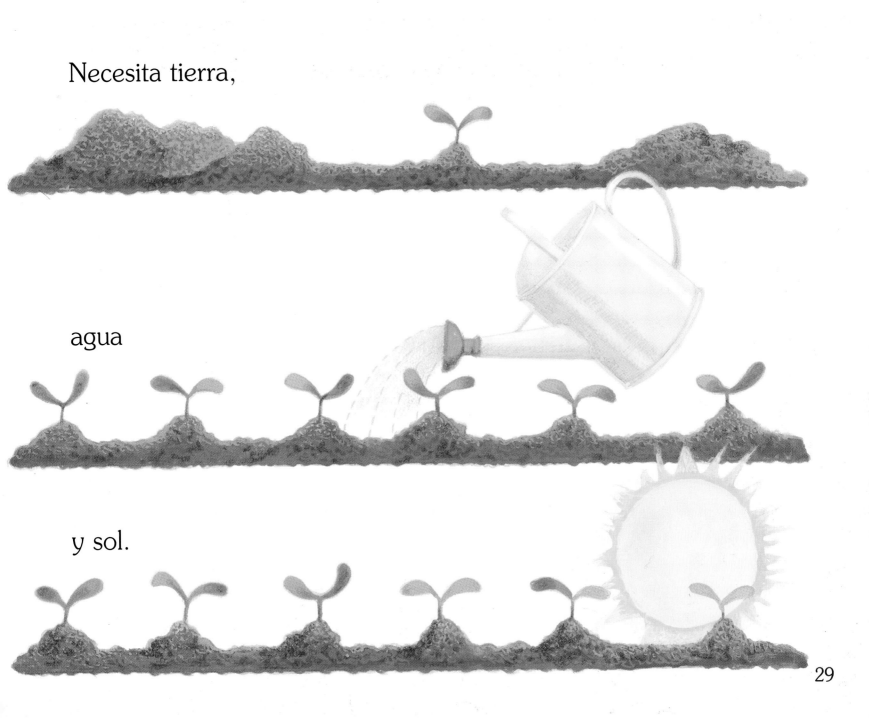

agua

y sol.

Si una semilla recibe todas estos elementos,
crecerá y se convertira en una planta. Llegará
a ser la misma clase de planta de la cual nació:
un manzano, una margarita, una zanahoria o maíz.
Crecerá y se convertirá en un trébol o en una
planta de frijol como las que sembraste.

# Aprende más sobre las semillas

Ya sabes que las semillas necesitan tierra, agua y sol para crecer. También necesitan aire. ¿Qué pasaría si una semilla no recibiera todo lo que necesita para crecer, o si recibiera demasiado de una cosa sola?

Para contestar esta pregunta, necesitarás:
5 vasos de plástico
Bolitas de algodón o papel de baño
Un paquete de semillas de berro

1. Numera los vasos del 1 al 5. Llena cada uno de bolitas de algodón o papel de baño y coloca semillas sobre el algodón o papel.
2. Coloca el vaso número 1 al borde de una ventana, donde reciba mucha luz. Rocía la tierra con un poquito de agua todos los días por siete días.
3. Coloca el vaso número 2 al lado del vaso número 1, pero no le pongas agua por siete días.
4. Coloca el vaso número 3 al lado del vaso número 2. Pídele a un adulto que te hierva un poco de agua. Una vez que el agua se enfríe, utilízala para rociar el vaso número tres.
5. Coloca el vaso número 4 en el refrigerador y rocíalo con un poquito de agua todos los días por siete días.
6. Coloca el vaso número 5 dentro de una caja oscura y coloca la caja en un sitio cálido. Rocía el vaso con agua todos los días por siete días.
7. Observa las semillas diariamente por siete días. ¿Qué diferencias notas entre los vasos? ¿Cuáles piensas son las mejores condiciones para ayudar a las semillas a crecer? ¿Cuáles piensas son las peores condiciones para ellas?